諷 詩 調 · 23

2012년 9월

박진환 제41시집

지성 · 감성의 메타언어
조선문학시인선 · 338

諷詩調 · 23

2012년 9월

조선문학사

■ 책머리에

諷詩調는 양극화의 미학이다

諷詩調는 서로 이질적인 상반·상충의 대립되는 두 요소를 병치시켜 갈등·반목이 수반하는 긴장을 고조시키는 양극화의 미학이다.

2013년 初夏

박 진 환

박진환 제41시집 / 諷詩調 · 23

2012년 9월

차례

멍멍, 시커멍

청련사 입구 백목련 한그루, 봉오리마다 백열등으로 걸려있다
백상개 한 마리 꽃에 취했는지 꽃그늘에 나자빠져 있다가
나를 보자 짖어댄다, 멍멍 시커멍, 저놈이 시커먼 내 맘을 읽다니

氣싸움은

게임엔 언제나 의외가 있는 법, 북미 기싸움이 꼭 그래
미사일 실패로 技에선 지고, 훈수에도 장군멍군 棋에선 무승부
배째라 내미는 배짱, 氣싸움은 아직 끝나지 않았고

국어사전 한 권

애면글면 꾸려온 수고로운 삶
늘그막에 손에 쥔건 국어사전 한 권
오늘도 식량창고 삼아 파먹고 산다

물만 채우면 뭘해

가뭄에 속탄 백성들 뒤로 하고 나들이한 나랏님 외국행

가뭄 걱정에 MB "우리는 4대강 공사로 끄떡없다"고

보막아 물만 채우면 뭘해, 타들어가는 적셔야할 땅들 야무청초인데

※ 야무청초(野無青草) : 가뭄으로 인해 땅에 풀이 없다는 뜻.

4대강 보만 믿다니

농사는 하늘이 지어준다는 말 허사가 아닌 것이
땡볕에 타들어가는 논바닥 무슨 재주로 적셔
기우제라도 올려야 할 판에 4대강 보만 믿다니

불구경 할밖에

옛분들 말씀대로 야무청초
죄다 풀이 말라버렸으니 전불괘겸 불보듯 뻔해
보막아 가둔물 퍼다 불 못끄면 4대강 보 있으나마나

※ 전불괘겸(全不卦鎌) : 거두어들일만한 곡식이 전혀 없다는 말.

설거지 물만도 못해서

가뭄의 신 旱魃旱魃 따라 걸으면 쩍쩍 갈라진 거북등 밟아
밟고 밟아도 깨지지 않는 논바닥은 거북등인데, 4대강 봇물은 그림의 떡
가둔물 농사에 못쓰면 물은 물인데 설거지 물만도 못해서

1%씩 담당한 셈이구먼

가뭄에도 물 걱정 없다고 나랏님도 자랑했다는 4대강 봇물
허나 가뭄 해갈 프로테지보니 논경지 4%에 논밭 합치면 2%
허허, 강 하나가 고작 1%씩이라, 돈이 아깝다

정치하면 성공하시겠구먼

정치덕목 제1호가 뭔줄아나? 제세민안, 태평치하

허면 정치 전매특허 제1호는?

거짓말, 허허 정치하면 성공하시겠구먼

부럽다

끈적끈적한 땀 접착제 삼아 온몸에 더위를 처발랐으니
속대발광욕대규, 어찌 형벌의 연옥살이 수인들 신세 아니던가
부럽다, 따가운 함성으로 혹서 토해내는 연옥의 천사 제녀

※ 속대발광욕대규(束帶發狂慾大叫) : 관을 쓰고 띠를 둘렀으니 답답함을 견디지 못해 미칠 것 같아 큰소리를 내지르고 싶다는 뜻.

※ 제녀(齊女) : 매미의 이칭.

명심판관 되시라고

런던올림픽 심판 오심 지켜보며 불평들이 많던데
문제는 올림픽이 아닌 오는 대선 심판 맡은 유권자들이거든
국제심판 탓하지 말고 맡은 심판 제대로 해 명심판관들 되시라고

심판관 제대로 돼야할 텐데

대선이란 올림픽엔 금메달이 단 하나뿐
하나뿐인 메달 놓고 심판관은 수천만, 제발 대선 올림픽
오심 망신 면하려면 제대로들 명심판관 돼야할 텐데

세상을 보고 싶다

보이는 것을 보는 눈과, 보이지 않는 것을 볼 줄 아는 눈과 함께
보지 않아서는 안 될 것을 볼 줄 아는 눈 이마에 박고 사는
그런 세눈박이 견자로 세상을 보며 살고 싶다

쓰리 고 한발

아무리 당신이 旱魃 한발 다가와 에워싸도 겁 안낸다고
당신의 신통력이나 심술로는 못 말리는 4대강 봇물이 있다고
누구 닮은 꼬라지 그만 부리고 물러갈 준비나 하라고

금메달 가짜나 아닐지

런던올림픽 펜싱 오심 무마용으로 특별상·은메달 등 치졸한 발상
잘못됐으면 바로잡아야지 홍정이라니 오심보다 더 추한 꼴
스포츠도 정치물이 든 모양인데, 금메달 가짜나 아닐지

씨가 말랐거든

흔히들 자신밖에 모른다고들 하지만 나 살기에도 힘겨운 삶
어찌 남의 일에 관심하랴, 허니 나 말고 달리 남 생각하겠나
이 당연한걸 두고 비정 · 이기 해쌌던데, 유정 · 이타 씨가 말랐거든

부끄러워하고 부끄러워 말라

과오 불거졌다 하면 시인도 부인도 아닌 엉거주춤한 감찰 운운
과오에 대한 회개 부끄러워하지 않는 용기만이 외칠 수 있는
과오 부끄러워하고, 과오 회개 부끄러워 말라는 루소의 말씀

성한 놈이 중증이지

부정이 번식하면 사회가 붕괴된다던데
터졌다 하면 부정이니 이러다 진짜 붕괴되는 것 아닐까?
뭐 공황중증이라고? 사회가 不正 · 不淨 번식천데 성한 놈이 중증이지

장자의 말씀을

읍견군폐라 했던가, 대선철 되니 비방의 함성 시끄럽다
남 죽이려다 저 죽는 줄 모르는 어리석은 자를 위해 드리나니
들으시게, 비방이란 자신에게 돌아오는 화살이란 장자의 말씀을

※ 읍견군폐(邑犬群吠) : 고을 개가 죄다 모여 짖는다는 뜻으로 많은 소인들이 남을 비방함을 이르는 屈原의 말.

안을 최고로 치데

안자만 들어가도 경기하는 이가 많데, 대권주자들이 그러하고

여야가 또한 그러던데 안이 뭐길래?

글쎄? 밖이 아니란 뜻인가?

안있던가

연일 36~7도를 넘는 폭염, 참아, 더워봤자 태풍 한방이면 끝나
문제는 계절도 없이 염병앓이할 대선 폭염, 허나 걱정마시게
이 열기 잠재울 태풍 아닌 삽상한 바람의 눈 하나 크고 안있던가

민초바람 아니던가

안바람 박바람, 새바람에 문바람까지 바람 바람 바람
헌데 바람 불때마다 바람 맞는 건 민초들이지만
바람 중에 참바람은 민초들의 가슴에서 부는 민초바람 아니던가

그래서였구먼

비례대표 그거 돈 주고 사는 거 아냐? 아냐, 돈 받고 파는 거지
돈 주고 받고 흥정했으면 사고파는 상품이구먼
어쩐지 동취가 난다 했더니 그래서였구먼

강물도 편 가르기 하데

세상이 바뀌어 이젠 자연이 문명을 따라 하나 보다
남과 북이, 여야가, 패권국과 약소국이 그러하듯
죄다 희다 검다던데 강물도 홍조·녹조로 편 가르기 따라 하데

줄이기만이 아녀

말이란게 재미있어, '나는'과 '너는'을 줄이면 '난', '넌' 되고
'그 여자는'을 줄이면 '그녀는', 또 줄이면 '그년'이 돼
줄이기만이 아녀, 뒤집어봐; '자살' '살자' 되고, '上下' '下上' 되거든

무슨 재미로 살것소

날마다 물고 늘어지는 정치판 싸움 없다면 심심해서 어찌 살것소
즐기면서 살고 싶으니 여·야 물어뜯고 피 흘리며 싸워주이소
당신들 싸움마저 없다면 이 따분한 세상 무슨 재미로 살것소

싸움이 곧 선거전략이라니까요

맨날 싸움질만 한다고 신물 토해내시던데, 에이 뭘 모르셔
닭싸움 · 소싸움에 사람 몰려든 걸 보시오, 싸워야 이목집중
싸움이 곧 최고의 선거전략이라니까요, 그걸 아셔야지

더 시끄러워서

세상에 말이 하도 많아선지 말 줄이기가 한창이다
'그녀는'을 줄이면 '그년'이 돼 문법상 하자가 없다, 헌데
말 많은 세상 말 줄였더니 淸音 福音 되기는커녕 더 시끄러워서

말이란 두 혓바닥 가져

말 많은 세상, 말 좀 줄였다가 되레 말폭탄 맞은 '그년'
문법으론 말이 되는데 의미론적으론 욕이 되거든
화와 복의 두 혓바닥을 가진 게 말이란 걸 알았어야 했는데

사람 흉내 하는거여

강물은 녹조, 바닷물은 홍조, 이게 무슨 재앙일까? 조활까?
4대강 보 탓이라고도 하고 고온에 가뭄 탓이라고도 하던데
아녀, 붉으락푸르락 저놈의 물이 사람 흉내 하는거여

녹조 · 홍조

녹조 · 홍조 참 좋은 말인데, 있잖아 녹조근정훈장 · 홍조근정훈장
인간 위해 물이 베푼 혜택이 어딘데 물 귀한 줄을 모르다니
녹조 · 홍조 독물 풀어 맛 좀 보여줘야지

아니니까 문제거든

강물엔 녹조, 바다엔 홍조, 보와 고온·가뭄 때문이라던데
웬 걱정, 보 터버리면, 되고 비오고 날씨 서늘해지면 될 것을
헌데, 문제는 그게 아니거든, 아니니까 문제거든

김정은이 독도를 방문했다면

MB가 평양을 방문하고, 김정은이 독도를 방문했다면 어떨까?
어떻긴, 뭐가 잘못돼도 한참은 잘못됐다고 보겠지
헌데 잘못된 것이 없거든, 잘못됐다고 보는 눈이 잘못된 게지

물신시대의 사랑

연필로 쓴 사랑은 무효다, 지우게 하나면 지워지니까
잉크로 쓴 사랑은 유효다, 물만 타쓰지 않았다면
피로 쓴 사랑은 진실이다, 육체와 육체의 결합이 사랑이니까

동메달감도 못되나봐

작심하고 찾아간 대통령 독도행, 축구합성에 묻혀버렸어
나랏님 행차보다 동메달의 위력이 저러할 줄이야
백성들 잣대가 저러하니 MB 동메달감도 못되나봐

못가보고 말았으니

그간 MB 국제나들이 지구촌 몇 바퀴는 돌았을 듯싶은데
왜 그리 멀었을까 마지막 행차지 지척의 독도는
그보다는 더 가까운 평양행은 지구 끝보다 더 멀어서

백목들이 많아서

올림픽축구 동메달, 한국인의 눈엔 금빛으로 돋보여
그게 다 황금도 돌같이 볼 줄 알았던 옛 분들의 보는 법 덕분인데
아직도 금을 금으로, 동을 동으로밖에 볼 줄 모르는 백목들이 많아서

메달권 밖이어서

꼬릿자 잘라내지 못한 OECD 국가 중 맨꼴찌 꼬리아
헌데 그게 아니었어, 런던 올림픽봐, 당당히 5위 했잖아
문제는 육체적 힘에선 금메달인데 정신메달은 메달권 밖이어서

소음 같을까

입추 지나자 밤새하며 주고받는 실솔들의 송·수신과
올림픽에 들떠 밤새하며 외쳐대는 필승코리아는 함성인데
어째서 함성은 청음 같고, 여야 대변인의 목소리는 소음 같을까

시끄러울밖에

선거철 아니어도 왜 정치판 목소리는 시끄러울까?
그걸 여직 몰랐나? 각 정당마다 대변인이 어디 한둘이던가
대변인마다 한마디씩 하자면 자연 말 많아 시끄러울밖에

非情때문이거니

이젠 비도 곱게 내리지 않는다, 내려봤자 가슴으로 받는 이가 없다
가슴 버리고 산지 오래, 비로 적시기엔 이미 굳어버린 무쇠 가슴들
탓하지 말것이 비도 가슴도 아닌 秕政에 추방된 非情때문이거니

정신적 힘은 메달권 밖인듯

런던올림픽 세계 5위 코리아
체력은 국력이라던데 육체적 힘은 세계정상급
헌데도 OECD국중 꼴지 못면한걸 보면 정신적 힘은 메달권 밖인듯

치자는 흔적 남기길 좋아해

치자는 흔적 남기길 좋아해, 누각의 현판글씨라도 좋아
MB 독도나들이 사인 새겨 넣었던데 이 또한 흔적 남기기야
문제는 흔적 새기기냐, 지우기냐지

방귀께나 뀌는 놈이

털어서 냄새 안 나는 놈은 나오지 말 것이
나왔다가 곡학아세의 세태 오물 뒤집어쓰면 악취 풍기기 마련
허긴 동취 풍기며 방귀께나 뀌는 놈들이 더 잘사는 세상이지만

※ 곡학아세(曲學阿世) : 진리에 어그러진 학문으로 세상 사람에게 아첨함을 이르는 말.

六味가 肉味야

세상 너무 조용해도, 치고 박고 싸워도 살맛 안난다
살맛 나는게 뭐냐구? 살맛 그대로야, 유식하겐 肉味
시고 달고 쓰고 맵고 짜고 싱거운 六味, 그게 바로 肉味, 살맛이야

장대비의 호통

유리창마다 은죽의 투창질이다가 강펀치의 주먹질 호통이다

어서 나오지 못해, 빨리빨리 못나와, 나와서

꾸역꾸역 처먹은 먹물 토해 닦아내지 못해, 더러운 것들 같으니라구

신통해라

돌머리 하면 돌았단 뜻이니 정상이 아니란 뜻인데
어찌하여 기상청보다 더 적중한 신통한 돌머리 비예보 전화
돌면 통하나, 통하면 도나? 이 수수께끼의 돌머리 비예보 전화

이를 흉내한게지

햇볕 쨍쨍해야 제격인 광복절에 웬 장대비? 기압골 때문이야
원통한 원혼들의 눈물이야, 秕政 질타하는 용왕님의 매질이야
세상이 온통 非非非로 얼룩졌으니 비비비가 이를 흉내한게지

他愛란 말 있긴 있던가

나를 사랑함이 남을 사랑함이라 했던가, 그 반대라 했던가
허긴 스스로도 사랑하지 못하면서 어찌 남을 사랑하겠는가마는
한가지 물어보세나, 지금도 他愛란 말 있긴 있던가

구두선 돼버린지 오래인걸

利他 · 他愛 · 愛樂 · 樂園, 꼬리 이을수록 복음이네마는
어쩌지, 지금은 옛말이거나 방언처럼 귀에 설거니
복음이면 뭘하나, 복음은커녕 구두선 돼버린지 이미 오래인걸

섬것들

섬만 보면 눈독을 들이는 것이 섬것들
개눈엔 똥만 보인다는 우리 옛분들 말씀 명언이 아니던가
명언 좋은 것만 알았지 똥 더러운 줄은 모르는 섬것들같으니

막힘만도 못해서

MB 독도나들이 두고 여 고위층 포퓰리즘이라고 혹평
허긴 이제 정치도 쇼, 정치가도 쇼맨이 된 시대
꽉 막힌 불통, 쇼로 풀어볼 심산이었다면 막힘만도 못해서

전현 · 현현의원

현 · 현, 전현 · 현현의원, 비록 당 제명 못 면했지만
3억에서 3천만원, 5백에서 5백만원 현금으로 놀았으니
전현 · 현현의원, 성씨 값은 톡톡히 한 셈 아니던가

안자 판

안원장 우유부단하다고? 그래, 정치물이 안들어서 그래
안들었으니 물들어 얼룩진 것보다야 깨끗 안하나
안그래? 이리 맞춰도 저리 맞춰도 들어맞는 안자 판

길 잃은 양들 많아서

신문기사인즉 '전두환 시절이 더 나았다'란 타이틀 기사가 있던데
그때가 좋았고 지금이 나쁘단 뜻 아니던가
둘 다 나빠 앞으로도 뒤로도 갈 곳 없어 헤매는 길 잃은 양들 많아서

목숨 뺏는 것이어서

전현·현현 두 의원 돈 주고 받은 일 없다고 결백 주장이던데
아직 죄도 밝혀지지 않은 의원들을 어째서 당에선 제명할까
이유야 어쨌건 제명이란게 이름 아닌 정치생명을 뺏는 것이어서

온통 不不不이어서

불은 얼음을 녹히나 얼음은 불을 끈다
사랑은 미움을 풀어주나 미움은 사랑을 묶는다
신이 준 사랑이라는 불, 헌데 어쩌지, 세상은 온통 不不不이니

그런 바보와 위선자가 없어서

결점이 없는 자는 바보가 아니면 위선자라던데
결점이 있는 자는 반대로 현자 아니면 성인군자
그 중 뽑는다면 바보와 위선잔데, 그런 바보와 위선자가 없어서

잘못했다가 판치는 세상

성범죄자 잘못 뉘우쳐서 형집행 유보
아하, 잘못했다고만 하면 지은 죄도 면하는구나
잘했단 말 씨가 말라버리고 잘못했다가 판치는 세상

중증일수록

한국인을 두고 일 중독증 환자 취급이시던데, 그건 약과야
검은돈 중독증, 체중 중독증, 사기 중독증, 마약에 자살 중독증까지
중독 안 된 것 자랑 아냐, 중증일수록 코리언 답거든

돈에 눈먼 새였네

깃털 · 몸통 · 그래 다음 차례는 머리통이지
여인네 옷 벗겨 속살 드러내듯이 천천히 아주 천천히 벗겨봐
저런저런 三足烏나 되는 줄 알았더니, 에게게 돈에 눈먼 새였네

어린애도 아닌데

한·일협약 쉬쉬로 일관하다 들통 나니 묵언침묵
쉬쉬 따로 있고 묵언침묵 따로 있지 국제협약까지를
오줌 못가리는 쉬쉬도 아니고 말 못배운 어린애도 아닌 나리들이

폐품취급 면해서 다행이지

고작 두 식구 먹고 사는데 웬 쓰레기가 이리 많냐란다
쓰레기 같은 삶 못면하고 사니 어찌 지저분하지 않겠는가
그나마 다행한 건 쓰레기 폐품취급 면한 주인장 노릇

구식된지 오래거든

MB 임기 끝나기도 전에 대선자금 출처 조사 운운
임기 끝나자 조사 착수한 프랑스는 그래도 전관예우 한 셈
허긴, 요즘 세상 전관예우 구식된지 오래거든

등이나 안터질지

한국, 고래 포획해 과학실험용으로 쓰겠다고 선언하자
세계 여론 비등, 포획선 공격하겠고 까지
고래싸움에 새우잠 자는 한반도 등이나 안터질지

짝사랑 한갑데

북녘 뒤엔 중국이, 일본 뒤엔 미국이 밀월 즐겨
궁합도 상궁합, 짝짜꿍 합작인데, 한국은 아닌가봐
동해, 일본해로 표기한 걸 보면 짝은 짝인데 미국 짝사랑 한갑데

왕 사팔뜨기 못면해

안과엘 갔더니 한쪽은 근시, 다른 한쪽은 원시, 짝눈이란다
암 그래야지, 멀리도 보고 가까이도 볼 줄 알아야지
세상이 죄다 짝짝인데 눈 성해봐, 한쪽밖에 못보는 백목 못면해

상팔자가 아닌감

불려갈 땐 제 발로, 끌려갈 땐 팔짱끼기로 가데
그걸 두고 자진출두. 연행이라고 하는가 봐
발로가건, 팔로가건 관심밖, 오직 관심은 내 만보행, 상팔자 아닌감

전매특허품 아니었던가

한·일 비밀협약 두고 밀실외교니, 밀실행정이니 해쌋던데
그게 어디 어제 오늘 일이던가
이미 옛날부터 정치·외교 전매특허품 아니었던가

80년이 걸렸네

늘그막에 참을성 없이 웬 화를 그리 자주 내느냔다
글쎄? 노망기는 아직 이르고, 그래 그거였어 忍이 德이 아니란 거
진즉 화를 낼걸, 그랬더라면 80년은 안 걸렸을 텐데

더위를 잡수셨구먼

침략을 막고, 자유와 평화를 위해 이땅에 오신 존경하는 미군님
것도 그냥 미군이 아닌 헌병님이 한국인 손목에 수갑을 채우다니
점령지로 착각? 소파에 무지? 마약? 아니면? 아하 더위를 잡수셨구먼

필시 저것이

공기청정기 측정눈금 중 분진 표시눈금은 늘 그린인데
유독 냄새 측정눈금은 벌겋게 눈에피에 걸려 핏기가 안가신다
필시 저것이 곰팡내보다 더 독한 욕망의 동취를 맡고 있음이리라

잘난 체하고 있어

곰팡내가 코를 찌른다고? 당연하지 장마철에 지하가 아닌가
마른 날에도 物神物神 썩어가는 세상의 곰팡내도 맡아봤나
것도 못 맡아본 주제에 코 자랑은, 잘난 체하고 있어

왕꼴찌거든

행복지수 OECD 국가중 코리아가 3위래
단골 꼴찌 꼬리 잘라내고 드디어 3위라니 오 해피 코리아
웃기고 있네, 해피는 무슨, 끝에서 세 번째인 왕꼴찌거든

혼돈의 시대

계절도 봄에서 여름, 가을에서 겨울로 한계가 불분명
더위도 비도 거칠고 사나워져 종잡을 수 없는 기상
무위건 인위건 질서란 옛말, 지금은 질서 밖으로 던져진 혼돈시대

안 뒤죽박죽

계절도 뒤죽박죽, 날씨도 뒤죽박죽
정치도 뒤죽박죽, 인심도 뒤죽박죽
딱 하나 안 뒤죽박죽은 OECD에서 매겼다하면 꼴찌 순차 코리아

씻겨지지 않아서

푸른집에 둘러친 도덕의 울타리, 자랑관 달리 썩은 木杙이었어
꿈꾸던 솔로몬의 영화, 솔로몬의 황금에 오염돼 동취 못 면하고
부끄러움으로 붉힌 얼굴 장대 장맛비에도 씻겨지지 않아서

황성옛터

겹겹으로 둘러치고 자랑했던 도덕의 울타리 하나 둘 무너지고
끝내는 스스로도 무너져야할 딱한 처지 처량한데
어디선가 푸른집 울타리 너머로 들려오는 노랫가락 황성옛터

양수리에서

구경꾼들 다투어 핀 연꽃 카메라에 담느라 정신들이 없다
저 꽃의 미에 어찌 침묵할까마는 꽃 뒤에 가려진 美도 볼 줄 알까
눈요기로만 배불리는 세상, 마음의 시장기는 느끼기라도 하는지

나만 해피하면 뭐하겠소

"장맛비에 피해는 없으신지요?"

"피해 없어서 해피하요만, 나만 해피하면 뭐하겠소"

"왜죠? OECD 국중 해피지수 최하위가 코리아니 그렇죠"

시비 공원에서

돌의 무게에 비해 시들이 너무 가벼웠다
저러다 시 날아가버리면
남은 건 돌뿐인데

진실을 안다

역사를 바로 보는 눈, 바로 읽는 눈, 바로 쓰는 눈은 다를 수 있다
다만 달라서는 안 되는 것, 그것은 눈이 아닌 진실이다
진실을 보고 읽고 쓸 줄 아는 눈, 그 눈만이 역사의 왜곡을 극복한다

죄는 못 바꿔서

시중 잘든다고 이름 또한 시중이라 했는가
이름값은 했는데 이랬다 저랬다
혀가 둘이면 말은 바꿔 둘러댈 수 있어도 죄는 못 바꿔서

꿈꾸며 사는 것이 행복인 시대가 되길

선거에선 꿈을 이루는 쪽과 이루지 못한 쪽이 있기 마련
문제는 꿈을 실현하느냐? 접게 하느냐에 있는데
제발 둘 다 말고 꿈꾸며 사는 것이 행복인 시대가 되길

마약과 같은 것이어서

대선 공약으로 잔뜩 부풀려놓은 기대, 앞으론 바람 빠져나갈 일만
안 그랬으면 얼마나 좋겠는가마는 시작과 함께 나와 있던 결과
정치란 속임수가 중독성이 강한 마약과 같은 것이어서

맞는 말 아니던가

돈은 모든 악의 근원이라는데 돈 없이는 아무것도 할 수 없다
이 이치대로라면 세상만사는 다 악으로 이루어진 셈
악 잘라낼 칼 대신 거들먹대며 도전 차고 다니니 맞는 말 아니던가

※ 도전(刀錢) : 도화라고도 하는 옛 중국 주나라 때 청동화폐의 한가지로 둥그런 모양의 칼.

제로지대

희망 반, 절망 반, 기대 반, 포기 반, 상쇄하면 답은 제로
희망과 기대 꿈꾸며 절망과 포기 달래며 살아가는
코리아의 오늘은 제로지대

법도 아닌 법도

숙일수록 높아지는 법 아닌 법
법으로는 숙일 수도 높일 수도 없는
법이 아니면서 법보다 더 잘 지켜지는 법도 아닌 법도

백일몽만 꿀밖에

심청신한이라 했던가, 한가로움이 이쯤 돼야 낮잠이라도 청할 터
헌데 밤잠도 설쳐야 하는 치인들 어찌 낮잠인들 꿈꾸겠는가
꿈마저 꿀 수 없으니 화서지몽 바라는 백성들의 꿈 백일몽일밖에

※ 화서지몽(華胥之夢) : 옛날 중국의 황제가 낮잠을 자다가 꿈에 화서라는 나라에 갔는데 그 나라의 선정을 보고 깨어나 깊이 깨달았다는 선몽을 이르는 말.

옛분들 덕이 그리울 뿐이구나

고개는 숙일수록 무거운 덕 지녔음인데 과덕의 세태풍경 학수고대

한운야학의 옛분들 덕이 그리울 뿐이구나

진정 학다운 학은 고개 낮추고 사는 계군일학인 것을

※ 한운야학(閑雲野鶴) : 한가로운 구름 아래 노니는 학이란 뜻으로 벼슬과 어지러운 세상을 버리고 강호에 묻혀 사는 사람을 일컬음.

※ 계군일학(鷄群一鶴) : 여러 평범한 사람 가운데 뛰어난 한 사람이 섞여있음을 비유한 말.

세계 인물 되겠네

김정은 북 국방위원장, 미사일 발사 성공으로 코가 석자나 높아졌어
큰 코는 온화 · 공손 · 지적 · 용감의 위대한 인물의 암시라던데
준비중인 핵 성공으로 석자 코에 석자 더하면 세계 인물 되겠네

환장하는 세상이거든

부름받기를 기다리며 뽑은 목이 삼척이나 웃자란 학수고대
한운야학이란 케케묵은 옛 선비정신, 지금은 출세가 장땡
너도나도 머슴 아닌 주인 되고 싶어 환장하는 세상이거든

※ 한운야학(閑雲野鶴) : 하늘에는 한가로운 구름, 들에는 나는 학이란 뜻으로 벼슬에서 은퇴해 강호에 묻혀 사는 삶을 이르는 말.

명승패이길

승패가 있기 마련인 싸움엔 패배보다 더 나쁜 승리가 있고
패배에도 승리 이상의 승리가 있다고들 하데
제발, 이기고도 진 승리가 아닌, 지고도 이긴 승리가 되는 명승패이길

따뜻한 온기

꽁꽁 얼어붙은 세상인심과 엄동의 한파와는 달리
구세군 자선냄비에 몰래 1억원을 넣어 불씨를 지피고 간
천마디 정견으로도 녹이지 못한 언가슴들을 덥혀주는 따뜻한 온기

재앙뿐일 것 같아서

적선지가엔 여경이, 적불선지가에는 반드시 여앙이 있다는
역경(易經)에 씌어진 명구대로라면 앞날의 세상은 끔찍해
적선지가는 없고 적불선지가만 천지니 내세는 재앙뿐일 것 같아서

※ 적선지가(積善之家) : 남에게 착한 일을 많이 한 집, 이와 반대가 적불선지가(積不善之家)로서 앞의 경우는 후대에 반드시 경사스러움이 있고 뒤의 경우는 재앙이 있을 것이란 역경에 나오는 말.

각자도생

수은주는 불길한 13이란 숫자의 빙하로 곤두박질 치고
가슴마다엔 한사코 밀어 올리는 햇덩이 하나
두 틈새에 끼여 제마다의 삶을 살아가는 이 시대의 각자도생

※ 각자도생(各自圖生) : 제마다 살아나갈 방도를 꾀함을 뜻함.

상온 삼매를 벗한다

내 지하공간은 기온변화가 없는 상온대
자리 하나 깔고 앉아
색·수·상·행·식의 상온 삼매를 벗한다

※ 상온(想蘊) : 오온(五蘊)과 같은 뜻으로 색(色)·수(受)·상(想)·행(行)·식(識)의 다섯 요소를 세계창조·구성의 요소로 보는데 색은 육체, 수는 감각, 상은 상상, 행은 마음지용, 식은 의식을 의미한다.

왕거미 한 마리

종일 상상의 거미줄을 뽑아 두른다
나선형으로 둘러친 거미집엔 색·수·상·행·식이 걸려있다
오온의 왕성한 식성으로 배불린 왕거미 한 마리

※ 오온(五蘊) : 육체·감각·상상·마음·의식의 다섯 가지를
세계창조·구성의 요소로 보는 불교적 교리의 하나.

신식으론 허사 같다

난방 안해도 더운 동네가 있고, 해도 추위 못 면하는 동네가 있다
한 하늘, 한 계절 밑에서도 서로 달리하는 극과 극이라니
양극은 통한다는 영국인들 말, 구식이거나 신식 허사 같다

아직도 유효한가요

지하 동굴에는 전기·가스 등 신식 난방기가 다 있다
헌데도 불을 지피지 않는 구식을 두고 딱하다고들 동정이다
니체 선생, 동정은 최고의 모욕이란 말씀 아직도 유효한가요?

•

박진환 시인은 전남 해남 출신으로 동국대 국문학과를 거쳐 중앙대 대학원을 졸업(문학박사)했다. 1960년 동아일보 신춘문예(詩) · 1963년 自由文學(문학평론)으로 문단에 데뷔했고, 국제PEN한국본부 사무국장 및 이사, 한국문협 고문을 역임했다. 제9회 시문학상, 제3회 비평문학상, 펜문학상, 윤동주문학상 등을 수상했고, 한서대학교 교수 및 예술대학원장을 역임했으며 현재 월간『조선문학』발행인 겸 주간으로 있다. 중요 저서로는 시집에『귀로』,『사랑법』,『꽃시집』,『三行詩抄』Ⅰ~Ⅺ『諷詩調』,『박진환시전집』Ⅰ·Ⅱ·Ⅲ·Ⅳ·Ⅴ,『物神時代』Ⅰ·Ⅱ·Ⅲ·Ⅳ·Ⅴ,『동굴일지』Ⅰ·Ⅱ·Ⅲ·Ⅳ·Ⅴ,『2012년 8월』에서『2013년 7월』까지 51권의 시집이 있고 평론집으로『한국현대시인론』,『현대시론』,『21C시학과 시법』등 다수와『한국시의 공간구조연구』,『21C 시학』,『시창작론』,『諷詩調詩學』외 다수의 역저가 있다.

•

조선문학시인선 338

諷詩調 · 23

2012년 9월

2013년 7월 20일 인쇄
2013년 7월 30일 발행

지은이 / 박진환
발행인 / 박진환
펴낸곳 / 조선문학사
등록번호 / 1-2733
주소 / 110-092 서울 서대문구 홍제2동 96-4
전화 / 02-730-2255
팩스 / 02-723-9373

ISBN 978-89-98115-19-7

정가 10,000원